LE
DIOPTE

AV ROY, ET A LA

FRANCE.

M. DC. XIX.

LE
DIOPTE DV COMETE.

Av ROY, ET A LA
France.

Sprits qui recherchez d'vn soin laborieux, En des signes obscurs la volonté des cieux, Qui de l'aspect diuers des Astres & planetes Et du feu redouté, des crineuses cometes, De leurs tours & retours, de leur soir & matin, Predites aux humains le cours de leurs destin, Afin que plus long-temps ceste flame nouuelle, Que vous voyez en l'air ne vous tiéne en ceruelle, Pour sçauoir ses effects, & aux maux qu'elle fait. Comme on pourra trouuer vn remede parfait, Poussé d'vn sainct desir, que dans mon ame inspire, L'amour de verité ie m'en vay le descrire,

Prothé par mes aguets nouuellement surpris Apres maint changement, ainsi me l'a appris.

Ia le Ciel irrité depuis longues annees, De voir & ses honneurs & ses loix prophanees, Voir les mœurs corrompus & la Religion.

Seruir à l'auarice & à lambition, L'antique pieté par nos vice honnie, Et d'vn siecle de fer la bône foy bannie, Nous a par nos malheurs, maintefois aduerty, De n'escouter ceux là, qui d'vn sens peruerty, Sous des mots ambigus, no' monstre la science, De n'auoir point de Dieu, de loy, de conscience. Nous a fait voir à l'œil l'vn sur l'autre entassez, Les extresmes meschefs, dont estions menacez, Mais, helas aueuglez, enchantez & mal sages, Point n'auons voulu croire à ses diuins presages, Ou les auôs mosquez d'vn courage endurcy, Ou pour ne les point voir ab aillé le soucy, Maintenât par l'aspect de ce hydeux comete Qui est de se decrets veritable interprette, Ainsi que par le son d'vne terrible voix, Il nous vient aduertir pour la derniere fois, D'abhorrer & fuyr, ainsi qu'hommes victimes, Ceux qui furent premier les autheurs de tels crimes. On recognoist assez qu'ils sont dans ce flambeau, Naïuement dépeints comme dans vn tableau, Où la sçauante main de ce peintre Celeste, Qui rend en tous endroits son pouuoir manifeste, A d'vn pinceau Diuin, & de viue couleurs. Sçauamment exprimé leur nature & leurs meurs.

Ce brandon flamboyât qui du haut de la nuë, Auec estonnement paroist à nostre veuë, De terre se nourrit, que le Pere des iours, Du têps & des saisons, qui naissent de son cours. Attire à ses raye d'vne amorce subtile. Au retour

des beaux mois, où Flore la gentille, En faueur
du Prin-temps faict naistre mille fleurs, Qui es-
maillent les champs de diuerses couleurs : Où
quand de ses presens la fructueuse Autonne,
Au chef de son Amy agence vne couronne.
Qui ioyeux de se voir carressé à foison
Luy remplit de tous biens sa caue & sa maison.

La terre attraicte ainsi comme par trop aride,
Ne pouuant subsister sans le secours liquide
D'vne onctueuse humeur qui serue de ciment
A la conionction de ce sec element, S'attache
á cét humeur, qui semblable au bitume, S'es-
prend au feu voisin & promptement s'allume.

Grand ROY, qui possedez l'Empire & le
renom : De tous ces bons LOVIS, dont
vous portez le nom. Qui passez de vertus en
vn aage si tendre, Ce que l'histoire à dit du
Gregeois Alexandre. Il sauua comme vous
son Estat de dangers, Et ce fit admirer aux Princes Estrangers : Mais ? il fut vers les siens
cruel & sanguinaire. Et vous estes benin, affa-
ble & debonnaire, Aux peuples vos sujects,
mesmes à vos ennemis, Qui par tant de bien-
faits vous vous rendez amis, C'est de vous:
Grand Soleil, dont la douce influence
Donne le monument, & la vie à la France:
C'est de vous, qu'a receu, sinon commence-
ment. Pour le moins sa grandeur & son ac-
croissment. Ce Comete mistic, cette terre
androgine, Quand l'Espagne exhala d'vne pla-

ge maline, Contre ceux, qu'autrement elle
n'euſt ſçeu donter, Non pas meſme oſé en ar
mes affronter. Les Roys vos deuanciers de
terre l'attirerent, Aux rais de leurs faueurs, &
vn peu l'eſleuerent, Mais vous ſur vn clair-
mont ſi haut l'auez placé Qu'ores de ſon aſpec
vous eſtes menacé ? L'onctueuſe liqueur qui
l'vnit & marie, Et ſes membres eſpars en vn
corps apparie, Eſt la greſle & l'auoir de cent
mille maiſons. Que par moyens diuers, en di-
uerſes ſaiſons Il a ſceu dextrement par force
ou par faintiſe Attraite d'vne main à prendre
bien apriſe, La flamme qui paroiſt dans ceſte
impreſſion Eſt le feu violent, d'ire, & d'ambi-
tion, De vanité d'orgueil, d'auarice & d'enuie,
Boureaux qui nuict & iour võt tenaillãt ſa vie.
    Ceſt vn courier expres pour vous admoneſter
Des bancs & des eſcueils que deuez euiter, Si
vous voulez au port heureuſement conduire,
Comme vn ſage Patron la Galoiſe Nauire,
Maugré tous les efforts du Sireo & Garbin
Dont l'vn ſoufle du ſoir, & l'autre du matin :
Tous deux pernicieux à l'Empire de France,
Tous deux ia couſtumiers de la mettre en ſouf-
france. Partant recognoiſſant combien ces
vents malins Sont propres à ſouffler en l'eſ-
prit des mutins, Le dol, la trahiſon, la haine
& la malice, Qu'on appelle du nom de zele &
de iuſtice : Vous deuez eſtimer qu'il eſt tres-
d'angereux De ſouffrir pres de vous ces hommes factieux Qui ſe mocquant des loix hu-

maines & diuines, Baſtiſſent leur grandeur
meſmes ſur vos ruines, Qui arment des ſujets
la patricide main , De glaiue ou de poizon
contre leur Souuerain , Habiles eſpions,
que l'Eſtranger ſoudoye, Au cœur de voſtre
Eſtat pour luy ouurir la voye, Et rendre plus
aiſé le cours de ſes deſſains, Qui par autre mo-
yen touſiours luy ſeroient vains. Leur viſage
fardé, leur mine contrefaite, Où ſous vn beau
ſemblant la malice eſt portraite, Leur tiltre
ſpecieux & la Religion Qu'ils ont deſia reduit
enligue & faction, Sont les plus grands ſecrets
qu'ils ayent à ſurprendre, Les debiles eſprits,
qui les veulent entendre : Se ſeruant à propos
du nom de pieté, Pour couurir leurs mesfaits
& leur meſchanceté, Du reſte ie me tay, la ſui-
té de l'hiſtoire De quarante cinq ans, le vous
fera notoire Que ſi vous deſirez viure exempt
de tels maux, Il faut chaſſer bien loin ces cha-
rongniers oyſeaux, Oyſeaux, qui ſont touſiours d'vn tres-mauuais augure, Et les auant-
coureux d'vne triſte aduanture : Il faut bannir
de Cour ce lepreux effrôté, qui par vn vain ca-
quet & diſcours eshonté, Aſſiege nuict & iour
vos Royales oreilles, Contrefait le pieux &
vous conte merueilles. Chalatan impudent,
inepte courtiſan, De fraude & d'atheiſme ex-
cellent artiſan, Qui ſouhaitte de voir plus que
toute autre choſe, Voſtre race auec vous dens
le cercueil encloſe, Et deſſus voſtre Troſne

vn Estranger assis, Auquel les siens & luy de
tout téps sont acquis. Et toy mon grand Clergé, Sacré saint heritage, que le Verbe Eternel
receut lors en partage, quand le Pere par luy
crea cét Vniuers, Et fit pour l'habiter tant d'a-
nimaux diuers. Vray bouclier de la Foy, ô gai-
licane Eglise, qui as tousiours esté l'autel & la
franchise, Ou la pure doctrine auec la verité:
Se sont mis à couuert contre la nouueauté,
Côtre ceux qui taschoient par brigue & trom-
perie, D'introduire le loup dedans la bergerie,
qui as determiné par vn iuste compas, Et ce
qui est à croire, & ce qui ne l'est pas. Bref, qui
as combattu le vice & l'heresie Fille d'opinion
& fille fantasie, La source de tous maux, la mere des combats, qui ce puissant Estat presque
a fait choir a bas. Ce funeste brandon de tra-
uers te regarde, Et vn malin rayon de ses yeux
te darde. Te menace bien tost de chaines & de
fers, De rendre à son plaisir tous tes Ministres
serts: Leur oster comme il fait, la liberté pre-
miere, Abolir tes Prelats & l'Hierarchie entie-
re, De ne se point laisser de iurisdiction, Sinon
que deleguee & par commission, Reuocable
au vouloir de celuy qui la donne, Sans s'arre-
ster au cas que S. Eglise ordonne, qui trop foi-
ble ne peut, pour le temps à venir, Aux bornes
du deuoir ce monstre contenir. De si funestes
maux tu es cause en partie, qui par les gens de
bien maintefois aduertie. Dont le soudain es-
prit eslancé iusqu'aux Cieux, Preuoyoit les des-

seins

seins de ces seditieux, Au Colloque à poissy en
ligue diuisée, Rendis d'vn mesme coup ensem-
ble autorisée, La secte de Caluin pleine de fau-
setez, Et de celle de ceux-cy grosse d'impietez,
Contraires toutes-deux aux loix Euangeliques,
Côtraires toutesdeux aux estats Monarchiques
Remplies toute deux de rage & cruauté, Mini-
Ministres toutes deux de la desloyauté, Esprises
toutes deux d'vne ardente auarice, Ouurieres
toutes deux de fraude & de malice. Diuerses en
cela, qu'a celle de Luther, On ta veu de tout
temps fermemét resister, Par sermons l'arguer
par sermons luy respondre, Par escrits l'atta-
quer, par escrits la confondre : Au contraire à
ceux-cy & à tous leurs desseins, Facille à ton
malheur tu as donné les mains, Tu les as reueré
par dessus tous les hommes, Côme vn rare or-
nement à ce siecle où nous sommes, Et souuét
as esté marastre à tes enfans, Pour les fauoriser,
qui ores triomphans, De ton propre meschef
decorent leur conqueste, Et hautains sous leur
pieds foule serue ta teste. Il ne te reste plus, sinõ
qu'à l'aduenir, Au fonds de leurs cachots il te
faudra gemir, Veufue de liberté, si d'vn masle
courage Tu ne romps les liens d'vn si cruel ser-
uage. Il te faut maintenant, plaine de Maiesté,
Prendre ton premier lustre & ton auctorité,
Te monstrer vrayement mere, & suiuant ta nature, Soustenir tes enfans, & les garder d'in-
inre, Faire voir que tu suis autant la verité, que
tu haïs l'orgueil, le fard, la vanité. Et toy braue
ue Noblesse, aux armes tousiours preste, qui de

mille lauriers t'enuironnes la teste, qui as en
tant de lieux sué souz le harnois, Pour estendre
plus loing l'Empire des François, Et par le fer
trenchant & l'aigu de ta lance, Chassé de ton
pays l'estrangere arrogance, Bras dextre de nos
Roys, qui cours de toutes parts, Ainsi qu'à vn
festin aux orages de Mars, Tu as part aux malheurs, & au supresme esclandre, que ce signe
nouueau vient dessus nous respandre. Ce Sceptre qui iadis tu as tant deffendu, Et par tes
beaux exploicts, inuincible rendu, Aux ennemis ouuers, par secrettes menées, Mesmes a-
uant le temps prescrit des destinées, Et maintenant sappé iusques aux fondements, Et quasi
renuersé par faux enseinements, Conformes
aux Decrets d'aueugles obeïssance, Mais ruy-
neux aux Loix & à l'Estat de France. Ce tison
de discorde & partialité, Ne te predit sinon
que toute aduersité, qu'esloignement, mespris,
de faueur & disgrace, que perte & des honeur,
de tous maux l'outrepasse, qu'vn repos trauer-
sé d'ennuis & de trauauaux, que te rendre sujet
à mille & mille maux, Te priuer des honneurs,
des charges & offices, Et priuer tes enfans
des meilleurs benefices. Bref rendre ton estat
chetif & malheureux, Desnué de faueur, & de
biens souffreteux, Tu le dois esperer pour vn
iuste salaire, D'auoir tousiours esté vers luy si
debonnaire, L'auoir outre raison maintesfois
soustenu, Et fondé son party d'vn ample reuenu
L'estimant à l'Estat de tout point necessaire,

Et contre le poison de l'erreur salutaire.

Maintenant que le temps t'a dessillé les yeux,
Et descouuert à nud ses desseins factieux, Tu le
dois éuiter á l'esgal d'vne peste, Aux Princes,
aux Estats, & aux peuples funeste, Le descrier
par tout, & par vn sage aduis, Empescher de-
formais que plus on ny soit pris. Toy Tuteur
de nos Roys, sacré lit de Iustice, Où seant ils
souloient iadis punir le vice, Et rendre esgale-
ment le droit à vn chacun : Sans hayne, sans
respect & sans faueur d'aucun : Diuin Palla-
dion, qui le bon-heur des Gaules, Ainsi qu'A-
telas le Ciel portes sur les espaules : Oracle de
Themis dont le los nompareil, Est conneu iusqu'aux bords où leue le Soleil, qui sur nous
estably comme en vne eschauguette, Maintesfois as predit d'vne bouche Prophete, De ce tison fatal les tragiques effets, qui menaçoient
l'Estat, le Roy & les suiets, Tu les preuis deslors, qu'vne gent agraffée, De bules & rescripts
richement estoffée, Se nicha dans Paris, ô iour
plein de malheurs ! que tu nous va causans de
souspirs & de pleurs? Las! deslors tu preuis que
nostre monarchie, En peu d'ans se verroit re-
duitte a l'anarcgie, qu'on rendoit les sujets re-
belles à leurs Roys, qu'on leur enseigneroit à
mespriser les Loix, que des nouueaux Chrestiés
les mauuaises maximes, Prouigneroient icy
les abus & les crimes, que par leurs faux escrits
il nous voudroient ranger, A plier souz le ioug
d'vn Monarque estranger, Taschans par vains
discours de nous faire paroistre, que l'on peut

ſans forfait trahir le Roy ſon maiſtre : Tu as, ô
grand Senat, tout ces malheurs preueus, Et toy
les annonçans point ne les auós crus, Ore nous
les trouuons trop & trop veritables, Mais de
tes iugements les decrets venerables, Ne ſçau-
roient en ce temps reſſortir leurs effets, Contre
ces Orguilleux qui brauent tes Arreſts. Arreſt
depuis le Nord iuſqu'au Pole Antartique, Re-
ceüs, non comme Loix, mais comme Oracle
antique, Arreſts, les ſis aiſnez de droict & d'é-
quité. Puuiſſeurs du forfait & de l'iniquité.

Quel bon-heur aux François, & à toute l'Europe, Si de tous aſſaſſins la plus cruelle trope,
Non moins digne de mort, qu'eſtoit ſon com-
paignon, Euſt ſentv comme luy la main d'vn
Bourguignon ? Nous n'euſſions reſſenty tant
de douleurs ameres, Et ſerions maintenaut ſans
crainte des miſeres, qui de iour & de nuit leurs
forces redoublant, De leurs poids à la fin nous
yront accablãt, Si toy Pere des loix, dont la balance égalle, Des grãds & des petits les merites
eſgalle, Ne faits à noſtre Alcide, Alci de chaſſe-
mal, Ne faits toucher au doigt le deſaſtre fatal,
qui ia depuis long temps menace ſon Empire,
Par ces vendeurs d'Eſtat, qui le veulent deſtrui-
re , que nós proſperitez ont rendu enuieux,
Ainſi qũe nos malheurs, contens & bien-heu-
reux, Et que vengeant le tort & l'iniure de Frã-
ce, Par leur punition tu n'en laues l'offence.

Te pourrois ie oublier entre tant de peris,
O Mere des Vertus, des Arts, & des Eſprits,

Fontaine de ſçauoir, dont la ſource diuine, A
iadis abreuué d'vne pure doctrine, Ceux qui
voient premiers le leuer du Soleil, Et ceux de
l'autre bord proche de ſon ſommeil, Minerue
des François, rare & pretieux gage, que la bonté du Ciel nous tranſmiſt en partage, Lors que
Charles le Grand, d'Europe conquereur, A ſon
Sceptre adiouſta le tiltre d'Empereur : qui as
en mille lieux & en mille manieres, Captiué
ſous tes Loix les ames priſonnieres, Par tes do-
ctes eſcrits, ou bien quant tu parlois, Et qu'vn
fleuue emmielé de ta bouche roulois. Touſiours à tes coſtes, au plus haut de la croupppe,
De Pinde ou d'Helicon, vne ſauante trouppe,
De tes chers nourriſſons tes pas accompagnoit
Et dans l'eau d'Hypocrene auec toy ſe baignoit,
Afin de voir la nuit à treſſes deſcoiffées, En rõd
mener le bal, les Muſes & les Fées. Pauure
Princeſſe helas ? que le ſort rigoureux, Se mõ-
ſtre à ton malheur conſtamment outrageux:
Combien tu as perdu de cette antique gloire,
qui a rendu ton nom d'eternelle memoire, qui
ta fait par les tiens ſi long temps venerer, Et des
peuples lointains tant de fois admirer. que tu
ſouffres de maux ſans eſtre crimineuſe, Si ce
n'eſt crime helas ? que d'eſtre vertueuſe, Tes
hayneurs ont le cœur trop plein de cruauté,
Puis qu'il n'eſt amoly aux rais de ta beauté, Et
que pour ne point voir les beaux traits de ta face, Face, qui les œillets & les roſes ſurpaſſe, De
boüe & de haillons la couure de tout point,

Afin qu'en la voyant on ne s'efmeuue point, La
flame rougiffante en ce hideux Comete, Qui
eft des maux futurs l'effroyable prophete, Ne
peut riē adioufter au supréme malheur, O cieux
vous l'endurez ? qui caufe ta douleur, Ce que
le fort cruel, enfuyuant fa couftume, Fait gou-
fter aux humains de fiel & d'amertume, Tout,
fens exception, tu le peux dire tien, qui de fille
de Roy te fait n'eftre plus rien. Courage neant-
moins, toufiours la mer Egée, Ne tempefte
orageufe aux rochers de Sigée. Toufiours def-
fus nos champs Iuppin ne crache pas La neige,
les glaçons, la greffe, les frimats. Chaque chofe
à fon tour. La prudente nature, A voulu qu'icy
bas rien ferme ne demeure. Tels hommes au-
iourd'huy i'eftiment bien heureux, qui demain
fe verront de tout point mal-heureux : Le fort
comme il luy plaift, nous tourne & nous retour-
ne, Et conftant en vn lieu iamais il ne feiourne.
De ton Pere & ton Roy, tu dois bien efperer,
Qui ton eftat en mieux à l'inftant peut changer
C'eft vn Prince benin, qui hayt autant le vice,
Qu'il ayme la vertu, le droit & la Iuftice. Le
boiteux qui ne fçait ny flatter ny mentir, Luy
fçaura viuemēt en bref faire fentir, Le tort que
tes hayrieux font à ton innocence, Alors pezant
ton droit d'vne iufte balance, Oppofant à leur
fard & à leur trahifon, Ton zele à fon feruice
& ta religion, Decochera fur eux les traits de
fa iuftice : Car la peine toufiours pourfuit le
malefice, Et fe reffouuenant de ta calamité, Te

don'ra le loyer que tu as merité, D'auoir pour
son Estat combatu à outrance, Sous ce Roy la
vertu n'est point sans recompense. Et toy peu-
ple Francois, qui es le fondement, Et seul portes les faix du Gaulois bastiment : Qui donnes
volontiers ton trauail & ta graisse, Pour nour-
rir le Clergé, la Robe, & la Noblesse. Soit que
dessus la mer, entre mille dangers, Tu ailles
trafiquer aux haures estrangers : Ou soit que
desireux de plus seure pratique , Tu aymes
mieux vieillir au fonds d'vne boutique, Ou bié
que par le soc & les coutres tranchans, Tn vuei-
les renuerser tes guerets & tes chants, Ce Có-
mete fatal, ceste Beste maline, Cóme des pre-
cedens presagit ta ruine, Ou par vn feu con
traire à celuy des Iumeaux, Il te fera noyer au
plus profond des eaux : Ou l'honneste profit
qui naist de l'industrie, Se verra trauerser par
vne tyrannie : Ou par vn froid tardif, qui contre la saison, Te priuera de biens, d'espoir, &
de raison : Ou par autres moyens, ta miserable
vie En tous endroits sera de malheur poursui-
uie. Cependant que du Roy l'admirable bonté
Souffrira dessus nous ce tison redouté, Tandis
que de ce feu la mauuaise influence, D'vn œil
pernicieux regardera la France.

FIN.